DNA DesignStudio
· Original Contents ·

DNA DesignStudio 정품 인증 마크

DNA DesignStudio에서 디자인/제작한 제품이란 것을 인증하는 마크입니다. 오리지널 마크로 유사 상품과는 다른 차별성을 지니고 있습니다.
이 로고를 확인하여 DNA DesignStudio에서 제작한 정품임을 확인해 주세요.

저자 소개

DNA디자인스튜디오

DNA디자인스튜디오는 '세상에 없던 유니크한 즐거움~!!'을 모토로 모두가 즐거워할 수 있는 콘텐츠를 기획하고 디자인합니다.
디자인의 긍정적인 기능으로 인해 많은 사람들이 삶에 가치를 더하기를 기대합니다.

독창적인 디자인 스타일을 기반으로 새로운 시도에 앞장서며 브랜딩, 콘텐츠 개발, 상품 개발, 출판 등 다양한 분야의 콘텐츠 개발 프로젝트를 진행하고 있습니다.
특히, 데코폴리 브랜드는 폴리곤아트를 이용한 상품군으로 다양한 각면이 빛의 방향과 색에 따라 오묘하게 달라지는 느낌을 표현하여 다양한 제품과 콘텐츠에 담고 있습니다. 인테리어 소품으로 많이 사용되며, 나의 공간을 보다 감각적이고 센스 넘치는 공간으로 재탄생 시켜 줄 것입니다.

이 책을 읽기 전

스티커 컬러링 북을 소개합니다.

DNA디자인스튜디오는 '세상에 없던 유니크한 즐거움'을 모토로 개발자와 고객 모두 즐거울 수 있는 제품을 개발하고 있습니다. 어떤 요소가 소비자로 하여금 즐거움을 이끌어낼 수 있을까 고민하다가 '스티커 컬러링 북'이라는 아이템을 개발하게 되었습니다.

바쁜 일상에 지쳐 훌쩍 여행을 떠나고 싶을 때가 있나요? 스티커 컬러링 북을 체험하며 사사로운 감정과 생각에서 멀어져 아트의 세계로 빠져보세요. 풀, 가위, 칼과 같은 별도의 준비물이 필요 없어 책 한 권만 있으면 언제 어디서든 힐링을 즐길 수 있으며 금세 여행을 떠난 듯 휴식을 취할 수 있습니다.

이런 분들에게 추천해요!

어린이 / 청소년

스티커를 떼었다 붙였다 하며 손가락을 움직이기 때문에 소근육을 자극해 **두뇌향상**에 도움이 되며 성장기 아이들에게 추천합니다.

초·중 교육기관, 청소년수련관, 아동복지센터에서 교구/체험활동/선물로 많이 사용됩니다.

성인

일상에 지쳐 힐링 아이템을 찾고 있는 **직장인**, 친구와 공유할 취미를 찾고 있는 **대학생**, 애인과 함께 추억할 아이템을 찾고 있는 분, 집에서도 즐거운 집순이 집돌이, 아이와 함께할 놀이를 찾고 있는 **부모님**, 태교 선물 등 **취미**, **힐링템**을 찾고 있는 분들에게 추천합니다.

노인

퍼즐 맞추기, 같은 숫자 찾기, 색감 맞추기 등 **치매예방**에 좋은 활동이 **책 한 권**에 들어있어 시니어 분들에게 추천합니다.

노인복지회관, 건강증진센터, 요양병원, 보건기관에서 많이 사용됩니다.

이렇게 활용해봐요!

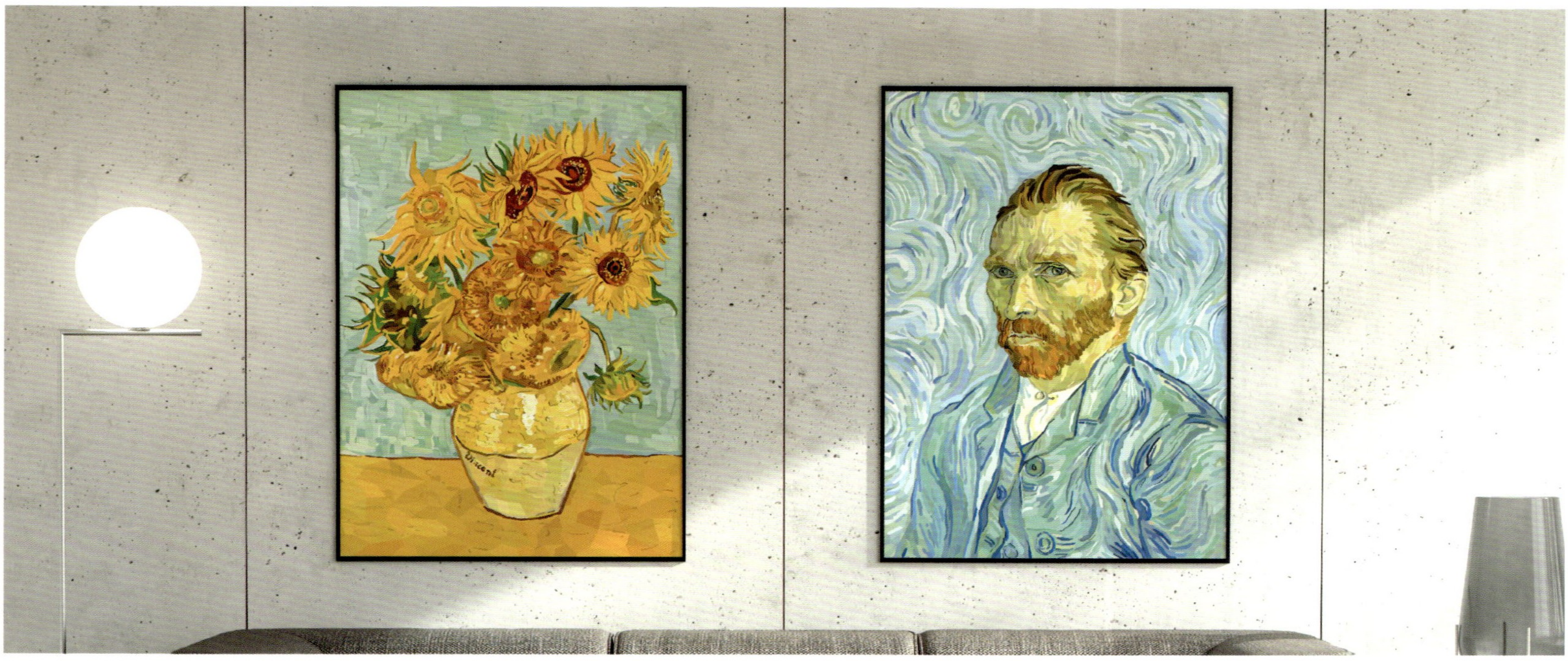

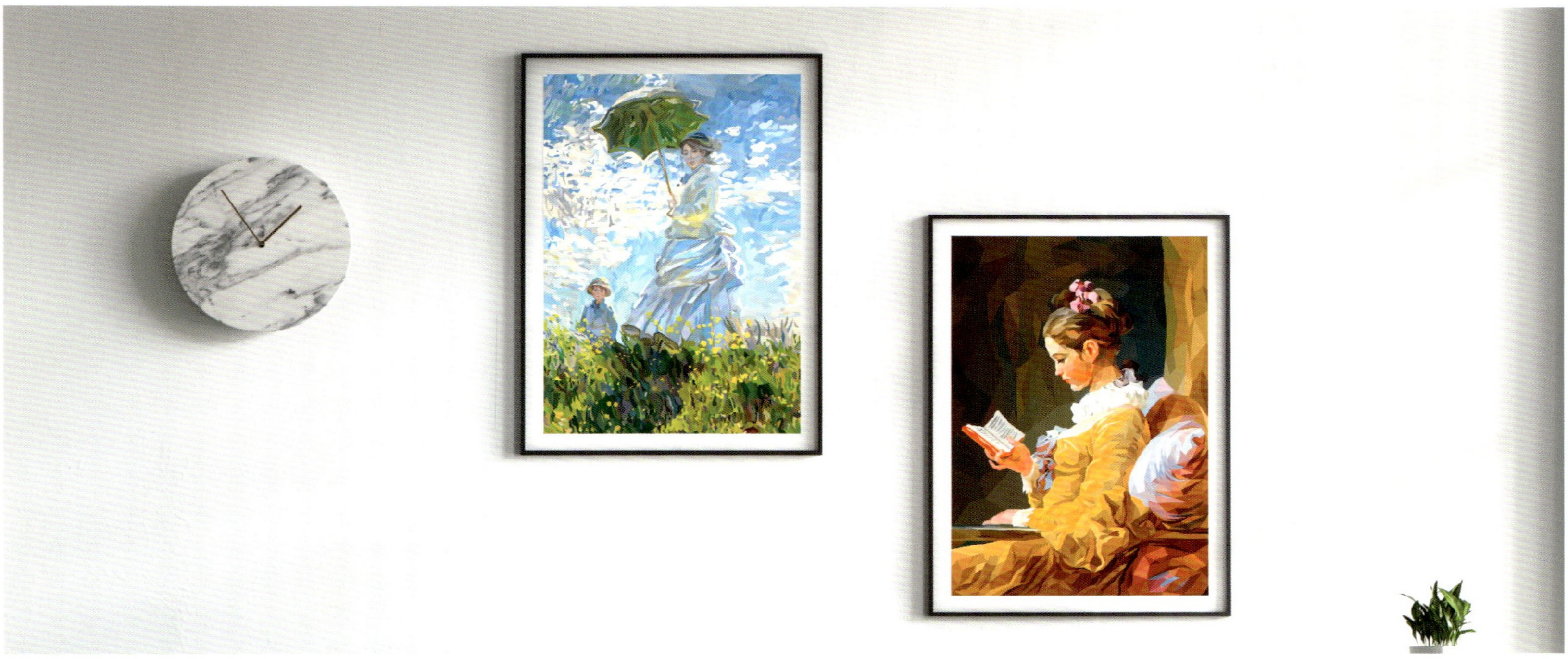

내 손으로 직접 완성한 작품은 인테리어 소품으로 활용할 수 있으며 공간을 더욱 화사하게 만들어 줍니다.
조각조각 스티커를 붙이며 아트에 생기를 불어넣고 나의 일상에도 행복을 채워보세요.

#스티커컬러링북 #취미 #힐링 #베스트셀러 #책추천 #교구 #취미 #힐링 #아트테라피
#컬러테라피 #집콕놀이 #집순이 #집돌이 #선물 #태교선물 #치매예방 #DIY

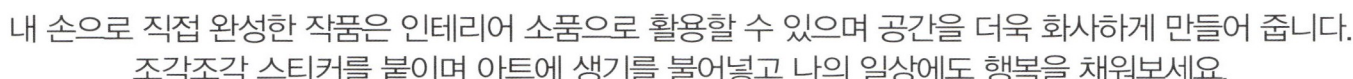

같이 사용하면 좋아요!

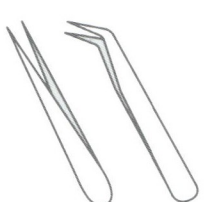

핀셋

손으로 붙여도 큰 어려움 없이
붙일 수 있지만 핀셋을 사용하면
더 쉽고 정교하게 붙일 수 있어요.

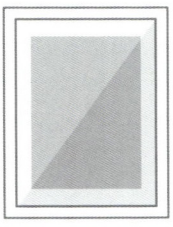

액자

액자를 사용하면 안전하고 깨끗하게
더 오래 보관할 수 있어요.

CONTENTS

- 01 두 자매
  Two Sisters
- 02 자화상
  Self-portrait(1889)
- 03 책 읽는 소녀
  The Reading Girl
- 04 사이프러스가 있는 밀밭
  Wheat Field with Cypresses
- 05 봄 꽃다발
  Spring Bouquet
- 06 에밀리 플뢰게
  Emilie Floege
- 07 파라솔을 든 여인
  Woman with a Parasol
- 08 부지발에서의 춤
  Dance at Bougival
- 09 봄
  Spring
- 10 사계: 가을
  The Seasons: Autumn
- 11 해바라기
  Sunflowers(1888)
- 12 호랑이와 까치
  Tiger and Magpie

CONTENTS

다채로운 작품들로 빛나는 스티커 컬러링 북 명화2! 세계적인 화가들의 작품 중 12개를 선별하여 아트웍으로 담아냈습니다.
스티커를 붙여가며 화가들의 개성이 돋보이는 다양한 화풍을 직접 경험해보세요.

83 pcs

01 두 자매 Two Sisters
나란히 앉아 있는 두 소녀의 모습 속에 평온하고
따뜻한 일상이 담긴 작품입니다.
작가: 피에르 오귀스트 르누아르

87 pcs

02 자화상 Self-portrait(1889)
거친 붓질과 강렬한 색감으로 화가의 불안과
내면의 고독을 표현한 자화상입니다.
작가: 빈센트 반 고흐

89 pcs

03 책 읽는 소녀 The Reading Girl
책에 몰두한 소녀의 평온한 순간을 따뜻하고
부드러운 색감으로 그려낸 작품입니다.
작가: 피에르 오귀스트 르누아르

82 pcs

04 사이프러스가 있는 밀밭 Wheat Field with Cypresses
푸른 하늘과 사이프러스 나무가 어우러진 자연을 담아낸 풍경화입니다.
작가: 빈센트 반 고흐

100 pcs

05 봄 꽃다발 Spring Bouquet
봄꽃의 아름다움을 그려낸 정물화입니다.
작가: 피에르 오귀스트 르누아르

118 pcs

06 에밀리 플로게 Emilie Floege
화려한 패턴과 색채가 특징인 초상화입니다.
작가: 구스타프 클림트

82 pcs

07 파라솔을 든 여인 Woman with a Parasol
푸른 하늘을 배경으로, 가족과 함께한 순간을
담아낸 모네의 대표작입니다.
작가: 클로드 모네

86 pcs

08 부지발에서의 춤 Dance at Bougival
파리 근교의 여름날, 활기찬 음악과 즐거운 무도회의
순간을 생생하게 그려낸 인물화입니다.
작가: 피에르 오귀스트 르누아르

73 pcs

09 봄 Spring
다양한 꽃과 식물로 구성된 인물 초상화로, 자연의
아름다움과 생명력을 담은 작품입니다.
작가: 주세페 아르침볼도

10 사계: 가을 The Seasons: Autumn
풍성한 과실과 황금빛 단풍으로 가득한 계절의
아름다움을 아르누보로 표현한 작품입니다.
작가: 알폰스 마리아 무하

11 해바라기 Sunflowers(1888)
태양을 닮은 해바라기에 생명력과 예술적 열정을
담아낸 반 고흐의 명작입니다.
작가: 빈센트 반 고흐

12 호랑이와 까치 Tiger and Magpie
호랑이와 까치를 유쾌하게 묘사해 풍자와 길상의
의미를 담은 조선 민화 호작도입니다.
작가: 미상

예술가의 혼이 담긴
명화들을 만나보세요!

예술가의 상상력과 감정을 담아낸 작품 명화!

일상의 따뜻한 순간을 작품 속에 담아낸 피에르 오귀스트 르누아르, 사랑과 동반자의 의미를 세련된 패턴과 색채로 표현한 구스타프 클림트, 민중의 삶과 풍자를 담은 조선 민화 호작도, 그리고 장식 예술의 거장 알폰스 마리아 무하 등 세계적인 화가들의 작품 12개를 아트웍으로 담아냈습니다.

완성 후 인테리어 소품으로 사용할 수 있는 높은 활용도까지!
오랜 시간 사랑받아 온 명화들을 '스티커 컬러링 북 명화2'로 만나보세요.

간편하게 즐길 수 있는 방법

01 작품 선택
12개의 아트웍 중 원하는 그림을 고릅니다. 아트웍 시트마다
스티커 조각 수가 달라 처음에는 스티커 조각이 적은 순으로
시작하면 좋습니다.

02 스티커 찾기
아트웍과 같은 스티커를 찾아 떼어 낸 다음 같은 번호끼리 차례로 붙여줍니다.
스티커를 붙일 때 중앙에 맞게 붙이면 더욱 깔끔한 작품이 완성됩니다.

03 작품 완성시키기
12가지의 완성된 작품은 인테리어 장식 포스터로 활용이 가능합니다.
예쁘게 장식해 보세요!

두 자매 | Two Sisters

자화상 | Self-portrait(1889)

책 읽는 소녀 | The Reading Girl

사이프러스가 있는 밀밭 | Wheat Field with Cypresses

봄 꽃다발 | Spring Bouquet

파라솔을 든 여인 | Woman with a Parasol

부지발에서의 춤 | Dance at Bougival

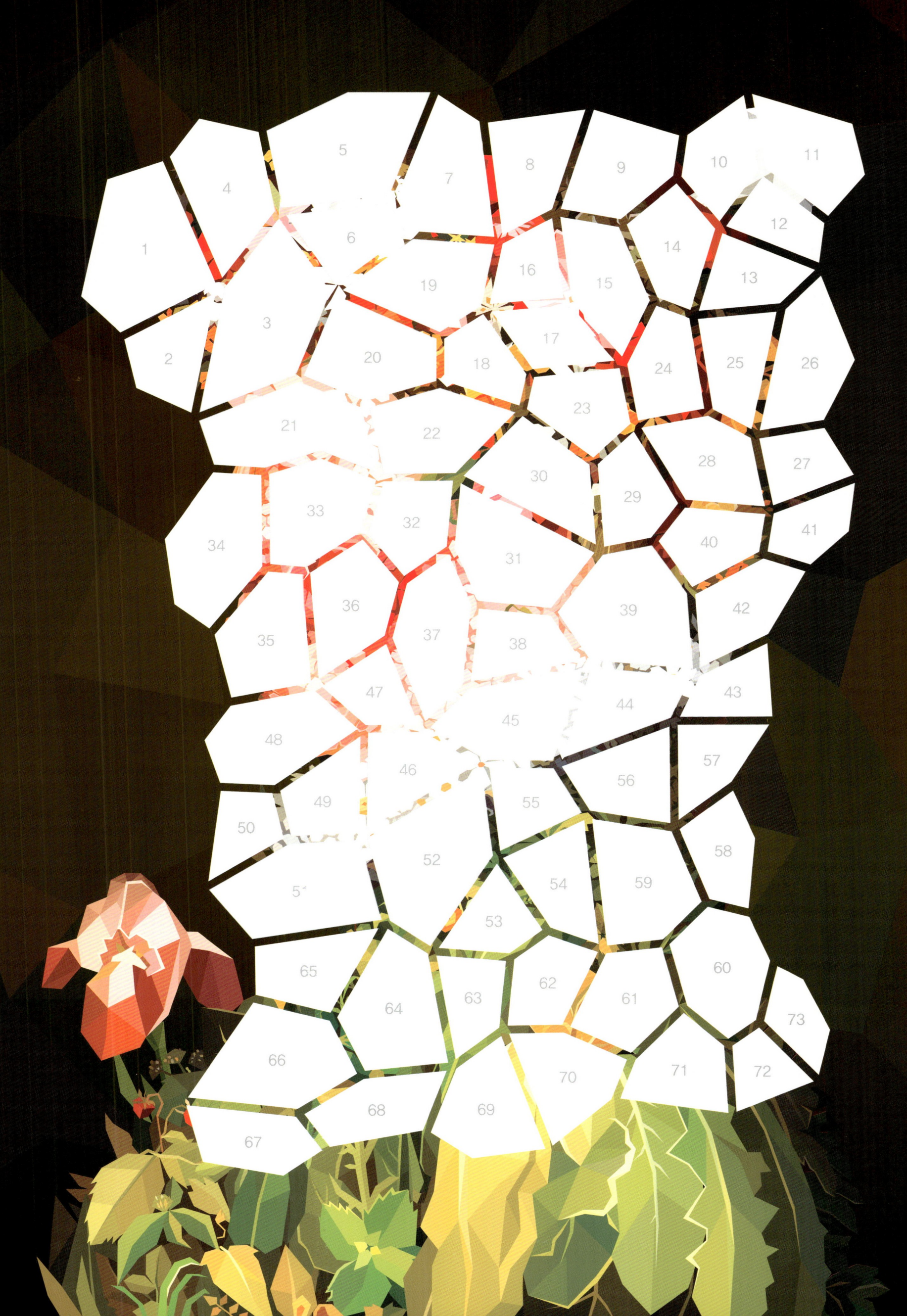

봄 | Spring

사계: 가을 | The Seasons: Autumn

해바라기 | Sunflowers(1888)